Michel Runigo

mémento gisserot
des nœuds

Pied de mât avec des bouts et des glènes suspendus.
Image d'une belle marine de tradition et de rigueur.

Éditions Jean-Paul Gisserot
www.editions-gisserot.eu

NŒUD EN HUIT

© Juin 2007. Éditions Jean-Paul Gisserot
Imprimé et façonné par Pollina à Luçon n° - L43917
Photogravure: techniques&Impressions

Imprimé en France

Nœud en huit

Le nœud en huit est le plus simple des nœuds d'arrêts, efficace et facile à défaire, mais moins vite défait lorsqu'il s'est souqué sur un bout humide.

Il se fait instinctivement au bout des écoutes.
Après avoir pris soin de le passer dans les poulies, ne pas le faire trop prés des extrémités.

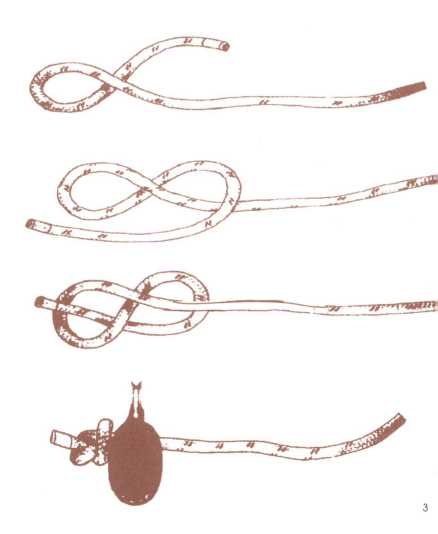

Nœud de carrick

Il est solide et de loin le meilleur des nœuds d'ajout. En revanche il est un peu volumineux.
C'est un nœud qui ne lâche jamais et il est toujours possible de le défaire. Il pourrait remplacer le nœud plat.
Le nœud de carrick s'emploie aussi à des fins décoratives (comme embrasse de rideau, nouer votre ceinture de robe de chambre…).
Il peut être très joli sur un tableau de nœuds en veillant à conserver sa structure ouverte et bien aplatie.

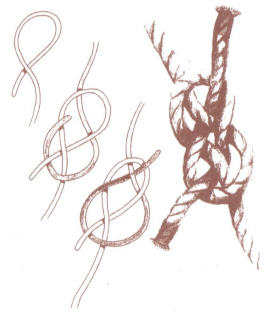

Nœud plat

Ce nœud sert à réunir deux cordages de diamètres peu différents, il ne faut pas lui faire confiance car il a toujours tendance à glisser.
Il est déconseillé de le faire avec des cordages qui ont une grosse différence de diamètre.
Le nœud plat se défait facilement.

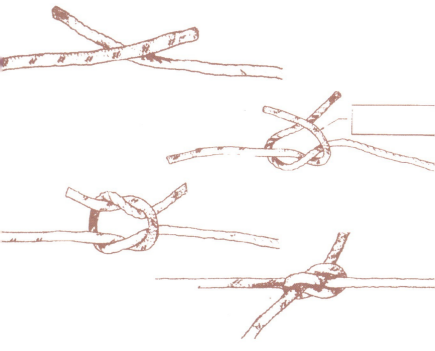

Nœud de plein poing

Le nœud de plein poing permet de raccourcir un cordage rapidement et de consolider la partie usée lorsqu'on n'a pas le temps de faire une épissure. La partie usée doit être dans la boucle.

Cette boucle doit être assez grande pour empêcher le glissement.

Il est assez difficile de le défaire quand il a été souqué. Ce nœud ne peut être que provisoire.

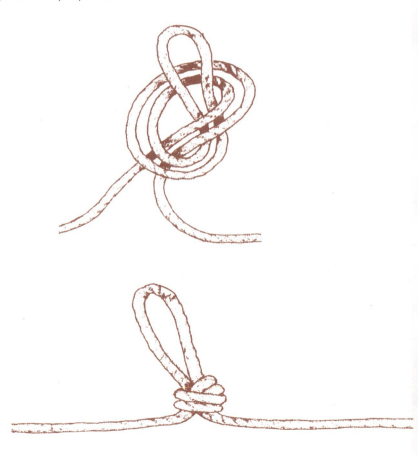

Nœud de pêcheur

Le nœud de pêcheur sert à relier deux bouts de ligne de pêche.
Il est utilisé dans la mesure où il n'y a pas à le défaire après utilisation.
En effet, lorsqu'il est souqué, il est quasiment impossible de le défaire.
Il est utilisable même sur un bas de ligne en nylon. Cependant, il faut bien souquer les demi nœuds avant et après le glissement et bien laisser dépasser les courants d'une bonne longueur.

Nœud de jambe de chien

Le nœud de jambe de chien se fait en repliant deux fois le cordage sur lui-même et en capelant une demi-clef à chaque extrémité. Il est seulement utilisable si le cordage est ainsi raccourci et maintenu sous tension constante.

Il faut le connaître car il est très utilisé lors de la confection d'un gréement de fortune.

Il est utilisé pour :
- raccourcir un cordage sans le couper.
- effectuer pour soulager une partie de corde usée.

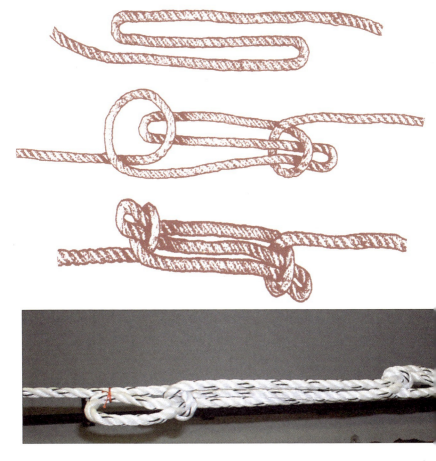

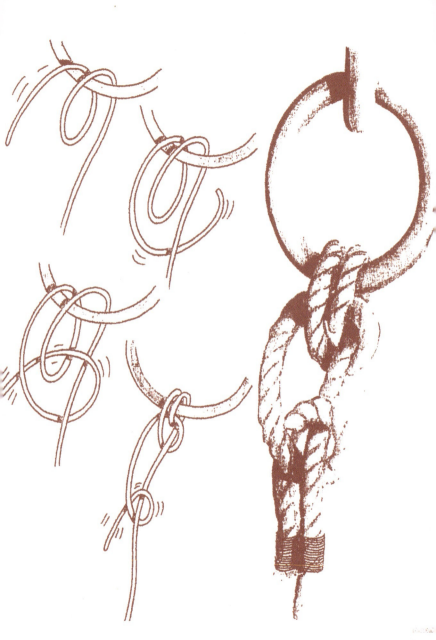

NŒUD DE GRAPPIN

Nœud de grappin

Il est souvent utilisé pour sa grande solidité. Au moment du montage, il ne faut pas serrer le tour mort de départ afin de permettre le passage de la première demi-clef.
Ce nœud est très difficile à défaire surtout s'il a subi une forte tension alors que le cordage était humide.

Nœud d'écoute simple

Le nœud d'écoute permet de relier des cordages de diamètres sensiblement différents.
On peut le nouer en simple ou en double et il est extrêmement simple et rapide.

Pour qu'il tienne, il est impératif que la traction soit continue.
Le nœud d'écoute simple n'est qu'une étape dans l'apprentissage. Il est tellement facile qu'on est impardonnable de ne pas le faire en double.

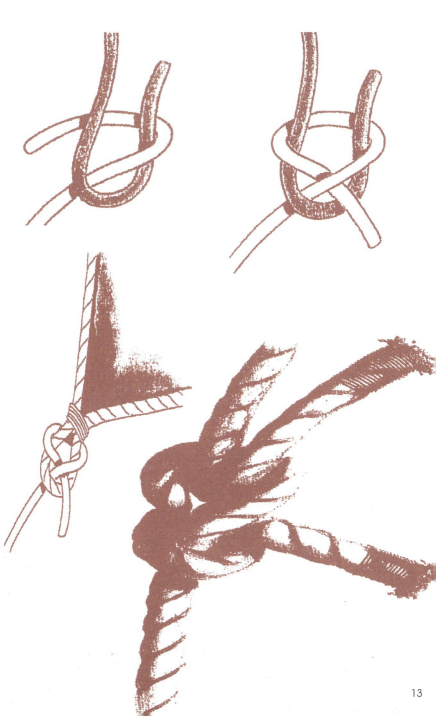

Nœud d'écoute double

Par cette variante, les risques de glissement sont écartés (néanmoins les cordages doivent être maintenus sous tension).
Très pratique, ce nœud gagne à être utilisé lorsqu'on désire réunir deux cordages de diamètres différents (le plus gros cordage forme la ganse de départ et le plus petit, le nœud lui-même).

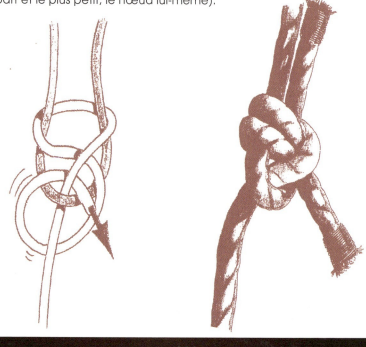

La galette

Le cordage ainsi rangé file tout seul dès qu'on tire dessus .
Très esthétique sur la plage arrière d'un ancien voilier.

Nœud de ris

C'est un nœud facile a défaire. Pour le retirer, il suffit de tirer sur le courant de la ganse pour libérer l'ensemble.

Ce nœud sert surtout pour réduire la surface d'une voile en la repliant en partie lorsque le vent forcit.

Ce nœud coulant peut se révéler très utile en toute occasion. La partie repliée est nouée à l'aide de garcettes et le bout de cordage est souple et de faible longueur.

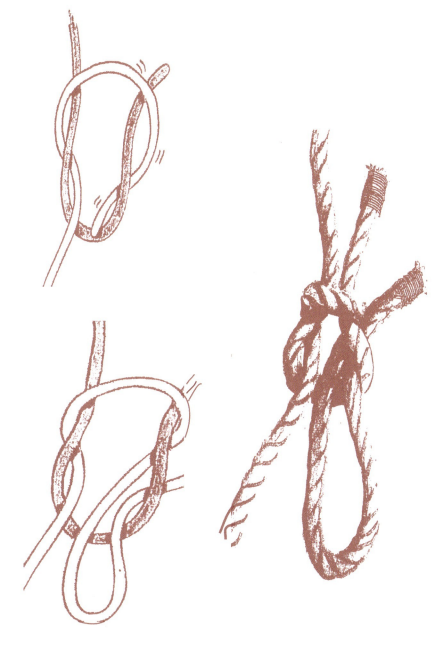

Nœud de cabestan

Le nœud de cabestan sert à amarrer n'importe quoi, c'est un nœud indispensable. Plus on tire dessus plus il se serre sur lui-même.
Il faut donner assez de longueur au dormant et il est très facile à défaire.
dormant : partie de bout (cordage) non sollicité par le montage du nœud.

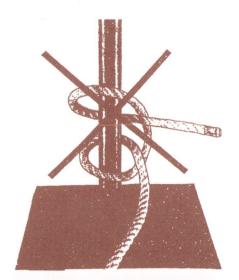

Nœud de chaise
(boucle vers soi)

Le nœud de chaise est très rapide à faire et se fait d'une seule main. Cependant il est difficile à contrôler et se desserre durant un usage prolongé.

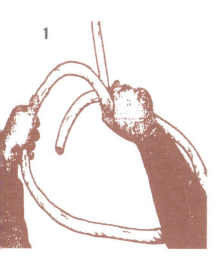
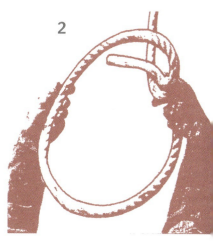
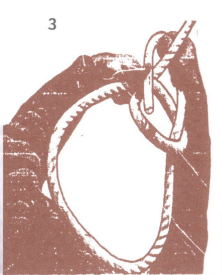

Nœud de chaise
(boucle opposée à soi)

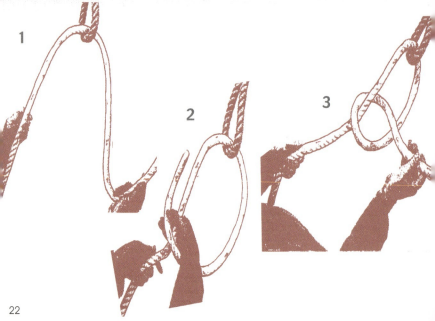

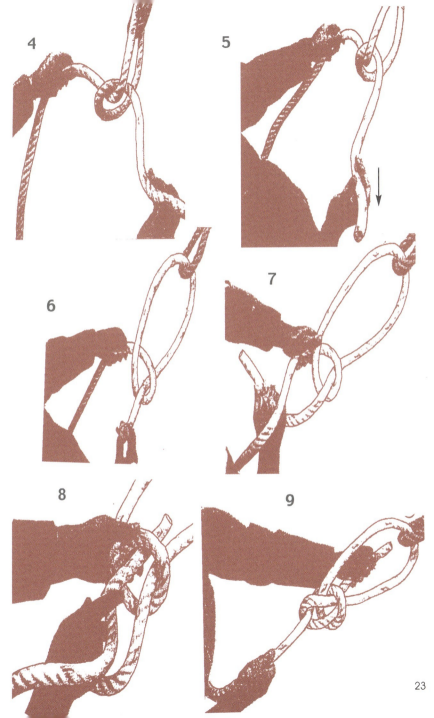

Nœud Dagui

Il peut abouter deux cordages de diamètres très différents. Il est constitué de deux nœuds de chaise.
Il se défait facilement après usage.

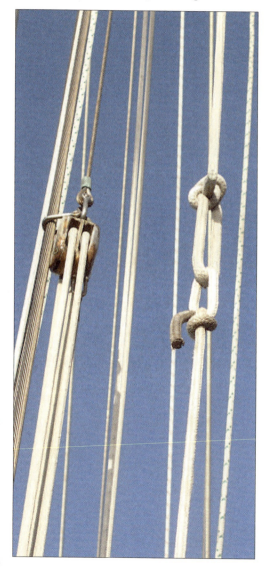

Nœud de Lagui

Le nœud de lagui est un nœud coulant constitué d'une boucle dans un nœud de chaise. Celui-ci ne serre pas sur lui-même et il est facile à larguer en mollissant le courant.
Ce nœud coulant peut se révéler très utile en toute occasion et on peut l'employer par exemple pour gréer un hale-bas.

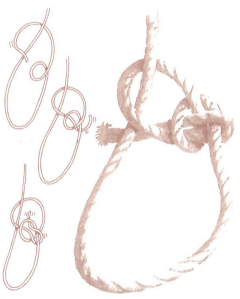

Nœud de gueule de raie

Le nœud de gueule de raie tient que si la traction est continue et symétrique, c'est-à-dire égale sur chaque bout.

Ce nœud est idéal pour suspendre de lourdes charges à un crochet ou un anneau. Il est également nécessaire aux pêcheurs à la ligne dont le fil est à peine visible. Les deux boucles torsadées réduisent les risques de fragilisation.

Une fois que le nœud de gueule de raie est serré, il offre une meilleure sécurité et se défait automatiquement dès qu'on le retire de son point d'amarrage.

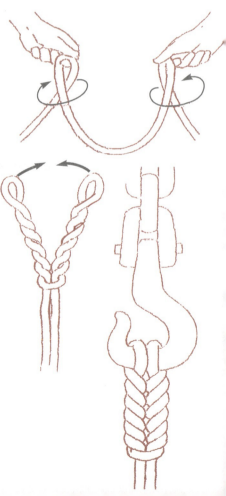

Tour mort et deux demi-clefs

Montage très simple pour amarrer un bateau sur un point fixe (ex : anneau, bitte d'amarrage, barreau d'une échelle).
Il se fait très facilement.
Pour plus de sécurité faire un ou deux tours morts.

LOVER UN BOUT

On love dans le sens des aiguilles d'une montre afin de ne pas défaire les torons et d'éviter des boucles.

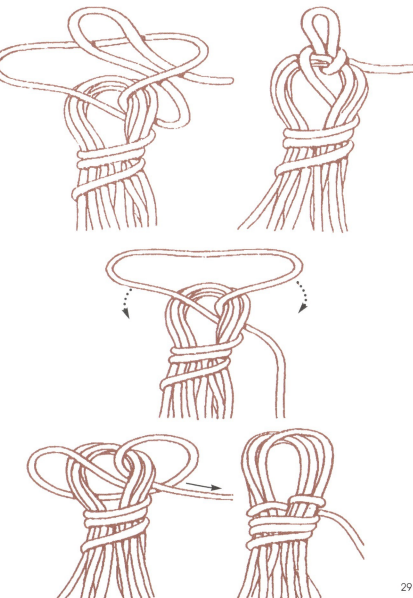

TOURNER UNE ÉCOUTE, UNE DRISSE AU TAQUET

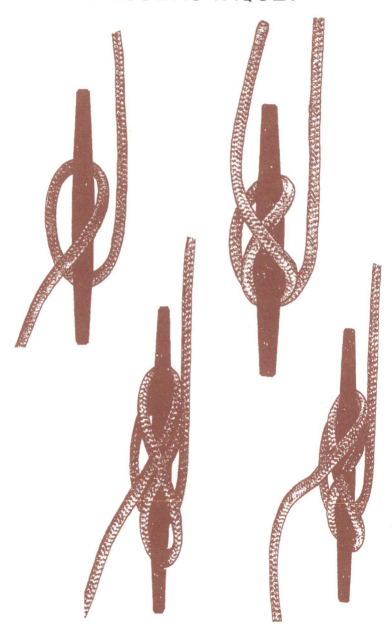

Table des nœuds

Nœud en huit	2-3
Nœud de carrick	4
Nœud plat	5
Nœud de plein poing	6-7
Nœud de pêcheur	8
Nœud de jambe de chien	9
Nœud de grappin	10-11
Nœud d'écoute simple	12-13
Nœud d'écoute double	14
La galette	15
Nœud de ris	16-17
Nœud de cabestan	18-19
Nœud de chaise (boucle vers soi)	20-21
Nœud de chaise (boucle opposée à soi)	22-23
Nœud Dagui	24
Nœud de Lagui	25
Nœud de gueule de raie	26
Tour mort et deux demi-clefs	27
Lover un bout	28-29
Tourner une écoute, une drisse au taquet	30-31

La Corderie Royale à Rochefort-sur-Mer (17)